What is the true love

सच्चा प्यार क्या है

College ka pyar

Bikrant Sah

Ghar ke andar

Mummy apni beti ko bulati hai breakfast karne ke liye aur jaldi aane ke liye bolati hai kyunki use college jana hai abhi aur uski beti ka naam Puja hai aur Puja Abhi taiyar ho rahi hai college jaane ke liye Apne kamre mein idhar se uski mummy Jor Jor se chillane lagti hai jaldi aao breakfast kar lo aur tumhen college ke liye bhi deri ho rahi hai bahar tumhari friend Kavya intezar kar rahi hai isiliye jaldi se apne room se niche aao aur

breakfast kar lo Puja bolati hai ruko
Mummy 2 minut mein niche a rahe
hain Pooja niche aake breakfast karne
lagti hai aur mummy se baat karti hai
han mummy main to a hi rahi thi aur
mummy bolati hai jaldi karna chahie
na aur breakfast khatm karke Jana
Puja bolati hai theek hai Mummy main
breakfast khatm karke college ke liye
nikal jaati hun Puja apna breakfast
khatm karke mummy ko bye bolkar
apni friend ke sath jiska Naam Kavya
hai uske sath donon college Chali jaati
hai ghar ke bahar Puja Kavya se milati
hai aur use bolati hai hay Kavya kaisi
ho Kavya bolati hai hay main theek
hun Tum batao tumhara roj ka Laga

rahata hai deri karne ke liye kabhi to time maintain rakho Puja bolati hai abhi main a gai na chalo donon milkar college jaate Hain aur vahan se vah college ki or chale jaate Hain donon thodi der bad college pahunch jaati hai donon aur vahan per donon ka class hai aur donon hi degree second year mein padhaai karti hai aur donon bahut hi padhne mein tej hai aur apne class mein Chali jaati hai donon ka padhaai chalne lagta hai kuchh hi der bad lunch ka time ho jata hai aur donon lunch khatm karke fir se padhaai per lag jaati Hain uske bad college ka padhaai khatm hokar donon Apne Apne Ghar wapas Chali jaati hai

Kavya Puja Ko bolati hai please cal let mat Karna jaldi se taiyar hokar bahar nikal Jana Puja bolati hai theek hai main koshish karungi jaldi taiyar hone ke liye aur vahan se Puja Apne Ghar a jaati hai aur Kavya Apne Ghar Chali jaati hai Puja Apne Ghar Aakar mummy se baat karti hai kaise ho mom uski mummy bolati hai main theek hun aur Puja Apne kamre mein Chali jaati hai thodi der bad Puja Kavya donon WhatsApp per chat karte hain aur sham ke bare mein kuchh plan karte hain kahin ghumne jaane ka per Kavya biji rahti hai aur vah mana kar deti hai aur vah nahin ja paate Hain to Puja Ghar per hi mummy ko apna khana banane mein help karti hai aur apni padhaai karne lagti hai aur ek baat Puja ke family members kuchh is prakar hai papa jo ki software company mein kam karte Hain aur Puja ka jo bada bhai hai vah bhi software company mein kam karta hai aur inki mummy housewife hai to Raat ke samay Papa aur uska bhai donon Ghar wapas aate Hain Puja aur uski mummy donon milkar dinner ke liye ready karte Hain uske bad pura family milkar dining table per baithkar apna dinner sab khatm karte Hain aur bahut hi Hansi majak bhi chalta hai jaise ki donon baap bete mein kam ke silsile mein aur donon mummy aur beti ke bich khana banane mein aur padhaai karne ke liye Hansi majak chalte rahata hai thodi der bad khana khatm karke Puja apni kamrem main Chali jaati hai uska bhai Apne kamre mein chala jata hai aur papa mummy Apne kamre mein chale jaate Hain sone ke liye

agale din mummy subah uthkar sab logon ke liye khana banane lagti hai aur Puja ke Papa aur uska bhai breakfast khatm karke Apne company chale jaate Hain aur aaj Puja Bina uske mummy ke bulae hue niche a jaati hai breakfast karne ke liye kyunki usne apne friend Kavya ko promise kiya tha ki vah aaj let nahin karegi isliye vah jaldi a jaati hai breakfast karne ke liye aur apna breakfast khatm karke ghar ke bahar nikal jaati hai aur aaj Kavya let hai abhi tak Kavya uske Ghar Tak nahin I hai to Puja Kavya ko phone karti hai aur use bolati hai kahan per ho jaldi aao college ke liye let ho raha hai Kavya bolati hai Bus main a gai Tum Mera har intezar karo aur a jaati hai Puja Kavya donon milkar college chale jaate Hain college ke andar Aaj Puja Ko ek ladka use propose karta hai jo ki usse 2 sal junior hai aur Puja bhi use han bol deti hai aur bolkar vah Puja aur Kavya Apne class Chali jaati Hain class khatm hone ke bad Kavya

Puja se puchti hai tumne use ladki ko han kyon bol diya Puja bolati hai vaise bhi mujhe boyfriend chahie to isliye maine hai bol diya aur mujhe bhi vah ladka bahut pasand hai Kavya bolati hai theek hai acchi baat hai aur Puja bolati hai please mummy ko mat batana hai mujhe pata hai main nahin bolungi theek hai aur Puja aur Kavya apna class khatm karke wapas Apne Apne Ghar Chali jaati Hain Puja Apne Ghar wapas Aakar mummy ko hay bolkar Apne kamre mein Chali jaati hai aur vahan per usse uske boyfriend ka message aata hai WhatsApp per hello Puja tum kaisi ho Puja use reply Karti hai main theek hun aur puchti hai tumhen mera number kahan se mila uska boyfriend bolata hai maine tumhari friend Kavya se Manga aur usne tumhara number mujhe de diya aur Puja bolati hai acchi baat hai Kavya ne mera number diya aur Puja ka boyfriend usse Aaj sham ko ghumne jaane ke liye bolata hai Puja bolati hai nahin main nahin a paungi mujhe ghar mein bahut kam hai aur padhaai bhi karna hai uska boyfriend usse bahut request karta hai please please chalo Na Tum Kavya ko bhi lekar a sakti ho ham log bus coffee peene ke liye jaenge Puja bahut der Tak Mana karti hai Lekin uske bad vah man jaati hai uska boyfriend bolata hai theek hai sham ko 5:00 baje coffee day mein coffee pienge ham teenon Puja bolati hai theek hai bye boyfriend bye uske bad Puja Kavya ko call Karti hai aur use puchti hai ki tumne mera phone number mere boyfriend ko kyon Diya Kavya bolati hai vah Aakar mujhse tumhara phone number mang raha tha aur bol raha tha main use bahut pasand karta hun please please mujhe Puja ka phone number de do main uske Bina rah nahin paunga isliye mujhe laga ki mujhe tumhara phone number de dena chahie aur vaise bhi tum usse bahut pyar karti ho na to Abhi injoy karo Puja bolati hai han tumne theek hi kiya aur ek baat Aaj sham ko 5:00

baje coffee day mein mere sath chalna mere boyfriend ne ham donon Ko invite Kiya hai coffee peene ke liye Kavya bolati hai main kyon aaun Tum donon jao aur ek dusre se baat karo Puja bolati hai han han Tum hi ne to number diya hai na to ab tumhen bhi aana hoga mere sath aur vaise bhi main akele nahin jaaungi Kavya bolati hai theek hai main 5:00 baje a jaaungi tumhare ghar uske bad ham donon chalenge Puja bolati hai theek hai aur donon phone apna cut karke Apne kaam mein lag jaati hai Pooja Kavya ko call Karti hai aur bolati hai jaldi aao hamen jana hai na coffee day Kavya bolati hai ruko main a rahi hun

tumhare ghar Puja Kavya ka intezar
karti hai apne ghar mein aur apni
mummy se bolati hai Mummy main
Kavya ke sath ghumne bahar ja rahe
hain aur Puja ki mummy bolati hai
theek hai acche se Jana aur jaldi Ghar
wapas a Jana Tum donon thodi der bad
Kavya bhi ghar a jaati hai Puja ke aur
Kavya Puja ke mummy ko hay bolati
hai aunty ji aap kaise ho Puja ki
mummy bolati hai main theek hun tum
kaisi ho Beti main bhi theek hun aunty
ji aur Kavya Puja ko bolati hai chalo
abhi der nahin ho raha kya Puja bolati
hai theek hai chalo chalo Puja aur
Kavya donon aunty Ji ko bye bolkar
nikal jaati Hain aur Puja apni mummy

ko bye bolkar donon ek sath nikal jaati hai uske bad Puja auto wala ko bulati hai aur donon auto mein baithkar coffee day ke liye chale jaate Hain aur idhar Puja ka boyfriend Puja Ko intezar karta hai coffee day mein Puja ka boyfriend coffee day mein sochta hai ki kya Puja aaegi coffee peene ke liye vahin per sochte rahata hai kyunki 5:00 baje bola tha aane ke liye aur abhi 5:30 ho chuka hai isliye vah ya sab soch Raha tha aur thodi der bad Puja aur Kavya ka auto coffee day ke samne rukta hai aur donon auto se nikal kar coffee de ke andar Chali aati hai Puja Apne boyfriend ko call Karti hai ki main a chuki ho tum kahan per Ho boyfriend phone uthata hai aur bolata hai main coffee day ke andar baitha Hun Tum andar a jao Puja bolati hai theek hai aur Pooja Kavya Ko bolati hai Chali jaati andar jaane ke bad vahan uska boyfriend table mein pahle se hi baitha rahata hai aur Puja use dekh leti hai aur Kavya bhi Kavya bolati hai dekho tumhare pyar mein laddu ho chuka hai tumhara intezar kar raha hai kariban aadhe ghante se Puja bolati hai han abhi mat bolo nahin to Sun lega aur donon jakar table per baith jaati hai Jahan per uska boyfriend baitha rahata hai aur Puja ka boyfriend Puja ko hay bolata hai aur Kavya ko bhi hay bolata hai aur vah donon use hay bolati hai uske bad Puja ka boyfriend coffee ke liye puchta hai aur UN donon ko menu card de deta hai aur donon coffee order Karti Hain aur Puja ka boyfriend bhi kafi order karta hai donon coffee peene lagte Hain aur batchit karne lagte Hain vahi sab padhaai ka collages ka aur UN teenon ki family ke bare mein batchit khatm hone ke bad Puja ka boyfriend use kuchh gift Karta hai like bahut sara chocolate dairy milk wala Puja use le leti hai aur thankyou bolati hai Puja ka boyfriend Kavya ke liye bhi gift laya hota hai jo ki sirf chocolate rahata hai like deri milk aur Kavya bhi use thank u bolati hai aur teenon coffee Pi kar jaane lagte Hain kyunki bahut Sham ho chuka tha aur idhar Puja ki mummy call kar rahi thi aur Kavya ki bhi mummy call kar rahi thi abhi tak tum donon Ghar kyun nahi aayi isliye Puja Apne boyfriend ko bolati hai theek hai ham donon Abhi ja rahe Hain coffee ke liye thank u boyfriend bolata hai welcome my dear aur vah donon vahan se bahar nikal kar auto pakad kar Apne Ghar wapas Chali jaati Hain aur ghar pahunchkar Puja apni Ghar Chali jaati hai aur Kavya apni Ghar Chali jaati hai Puja ki mummy use bolati hai itna let kyon hua Puja bolati hai traffic bahut jaam tha isliye hamen deri ho gai aur Kavya ki mummy bhi use yahi sawal puchti hai aur Kavya bhi yahi answer deti hai aur donon apne kamre mein jakar baith jaati hai aur padhaai karne lagti hai kuchh der bad dinner ka time ho jata hai Puja ke Papa aur bhai apna Kam khatm karke Ghar wapas aate Hain aur khana khane lagte Hain sab log milkar aur Apne Apne kamre mein jakar so jaate Hain

agale din Puja subah uthkar apna breakfast khatm karke college ke liye nikal jaati hai Ghar se aur vahan per uska Kavya intezar kar rahi hai College jaane ke liye donon milkar college chale jaate Hain aur college ke andar donon ek dusre se baat karte hain ki tumko mere boyfriend ne kya gift Diya

Kavya bolati hai dairy milk ka ek aur

Puja bolati hai bahut sara chocolate

tha aur sab dairy milk aur sab

chocolate mix tha usmein Kavya bolati

hai yah to bahut acchi baat hai Khao

Khao tumhara boyfriend ne tumhen

Diya hai Puja bolati hai han tumhen

bhi to mila hai mujhe to bus ek hi Mila

hai tumhen to bahut jyada mila hai aur

Kavya Puja donon hansne lagti hai

thodi der bad Puja ka boyfriend vahin

per a jata hai aur Puja se baat karne

lagta hai boyfriend bolata hai hay Puja

tum kaisi ho Puja bolati hai main theek

hun tum kaise ho boyfriend bolata hai

cal coffee pi ke bahut mujhe achcha

Laga tumhen kaisa laga Puja bolati hai mujhe bhi bahut achcha Laga tumhare sath cal coffee pi ka boyfriend bolata hai tumhari mummy ne tumhen danta to nahin kyunki bahut der ho chuki thi Puja bolati hai nahin mummy ne nahin data boyfriend bolata hai yah to bahut acchi baat hai Puja bolati hai han meri mummy mujhe bahut like karti hai isiliye usne mujhe nahin data boyfriend bolata hai bahut acchi baat hai aur Kavya tumhare mummy ne bhi tumhen nahin data kya Kavya Puja ke boyfriend Ko bolati hai nahin mere mummy ne bhi mujhe nahin data Puja ka boyfriend bolata hai theek hai acchi baat hai to sham ko milte Hain aur bye bolkar donon ko vahan se chala jata hai apni class ki or aur Puja aur Kavya bhi donon bye bolkar apni apni class mein Chali jaati Hain class khatm karke Puja aur Kavya wapas Apne Ghar a jaati Hain Puja Ghar pahunchkar khana khati hai aur apne kamre mein Chali jaati hai thodi der bad Puja ka boyfriend use call karta hai aur vah donon call mein baat karne lagte Hain kuchh der tak Sham ho chuka tha aur Puja ke Papa aur bhai ka bhi time ho chuka tha Ghar aane ke liye isliye vah apni kamre se niche a jaati hai aur mummy ko help karne lagti hai kuchh der bad Puja ke Papa aur bhai donon Ghar wapas a jaate Hain aur dinner

karne lagte Hain sab log milkar aur
Puja ke Papa Puja ko bolate Hain beti
cal ka tumhara kya program hai kyunki
cal Sunday hai na Pooja bolti hai papa
cal Mera koi program nahin hai kyon
papa kuchh kam tha Puja ke Papa
bolate Hain han cal tumhen ladke wale
dekhne a rahe hain isliye main poochh
Raha tha tumse Puja chup ho kar
khana khane lagti hai aur idhar Puja ki
mummy Puja ke Papa se bolati hai
Kaun cal aane wala hai Puja ke Papa
bolate Hain ki mere friend ka beta cal
Puja ko dekhne ke liye a raha hai use
taiyar kar kar rakhna unka family
lunch karne ke liye hamare ghar
aaenge cal Puja ki mummy bolati hai

yah to bahut acchi baat hai vaise ladka kya Kam karta hai Puja ke Papa bolate Hain vah software company mein kam karta hai aur bahut hi achcha ladka hai Puja ki mummy bolati hai bahut acchi baat hai cal ham UN sab ka swagat karenge aur sab khana khatm karke Apne Apne room mein chale jaate Hain sone ke liye

 agale din Puja ki mummy aur papa subah jaldi uthkar ghar ka sara kam karne lagte Hain kyunki Aaj unke ghar mein mehman aane wala hai aur Puja ke Papa Puja ki mummy se bolate Hain ki Puja ke friend Kavya ko bhi aur unke family ko bhi bula Lena vah sab log bhi rahenge to achcha lagega Puja ki mummy bolati hai theek hai main use call karke bula lungi aur Puja ka bhai bhi ghar ke kam mein Apne Papa aur mummy help karne main lag jata hai aur idhar Puja soi rahti hai kyunki Aaj Sunday hai aur vah bahut let se uthegi 10:00 baje tak niche ghar mein Mummy Papa aur bhai sab milkar lunch ka taiyari kar rahe hain thodi der bad Puja so ke uth kar niche aati hai aur sab log milkar breakfast karte Hain aur planning karte Hain ki ham log kaise sab logon ka swagat karenge thodi der bad lunch ka time ho chuka rahata hai aur Puja ke Papa ka friend ka family unke Ghar a jaate Hain aur usse pahle Kavya ki family bhi unke

Ghar a chuki rahti hai Puja ke Papa apne friend ka swagat karte hain Apne Ghar per aur unhen apne ghar ke andar bithate hain aur sabko chai aur biscuit aur samose dete Hain idhar Kavya aur Puja Apne kamre mein taiyar ho rahi thi aur vah bhi taiyar ho chuki rahti hai donon family ke bich mein batchit chalte rahata hai thodi der bad Puja ko niche Bulaya jata hai aur ladke se milvaya jata hai aur ladki ka naam Suraj hota hai jo ki usse 10 sal bada hota hai Lekin vah bahut achcha kam kar raha hai aur paise wala hai isliye uske papa apni beti ki shaadi karvana chahte Hain aur yahan per Puja Ko ladka pasand aata hai aur vah

shaadi ke liye han bol deti hai kyunki
uske pass koi option nahin hai aur vah
apne papa mummy ke khilaf nahin ja
sakti isliye usne han bol diya main
shaadi karungi aur Puja ke Papa ki
friend ka family vahan se Apne Ghar
wapas chale jata hai aur Kavya ki bhi
family vahan se Apne Ghar wapas
chale jaati hai thodi der bad sab Apne
Apne kamon mein biji Ho jaate Hain
aur Puja Apne room mein jakar baith
jaati hai aur sochne lagti hai ki main to
Apne boyfriend se bhi pyar karti hun
use main kya bolungi FIR soti hai ki
main Apne mummy papa ke khilaf
nahin ja sakti to main use cal mana kar
dungi aur bata dogi meri shaadi Tay ho

chuki hai yah sab soch kar room mein baithi rahti hai sham ka waqt ho chuka rahata hai idhar Kavya Puja ko call Karti hai aur puchti hai sach mein tujhe Suraj pasand hai Puja bolati hai han mujhe Suraj pasand hai Kavya Puja se puchti hai ki Tum to Apne boyfriend ko bhi pasand karti ho na Puja bolati hai han main use bhi pasand Karti hun lekin main apni Mummy Papa ki khilaf nahin ja sakti Kavya bolti hai theek hai tumhen Jaise achcha Lage vaise hi karo aur ise bahut acchi tarah se handle karna Puja bolati hai theek hai cal ham college mein iske bare mein aur acche se baat karenge aur bye bolkar phone cut kar deti hai Puja aur uski mummy use dinner karne ke liye niche bulati hai Puja niche Aakar sab logon ke sath dinner khatm karke Apne Apne kamre mein sab chale jaate Hain sone ke liye

agale din Puja subah uthkar apna breakfast khatm karke college ke liye nikal jaati hai Kavya ke sath Kavya se baat karti hai aur bolati hai ki mujhe Aaj Apne mere boyfriend ko bolna hoga ki Mera shaadi fix ho gaya hai aur main usse pasand nahin Karti aur Kavya bolati hai usse bulakar tum yah sab bol dogi aur vah man jaega tumhen lagta hai vah tumhara Deewana hai aur tum bhi usse bahut pyar karti ho mujhe pata hai tumhare aankhon mein bhi dikhai deta hai aur vaise bhi Suraj tumse 10 sal bada hai Puja bolati hai to main kya Karun main Apne boyfriend se bahut pyar karti hun lekin mera mummy papa ke khilaf bhi to nahin ja sakti hai Kavya bolati hai theek hai tum apne boyfriend se ek bar baat karke dekho vah kya bolata hai uske bad ham log iske bare mein sochenge aur ek baat tumhen Suraj sach mein pasand hai Puja bolati hai sach bolun to mujhe Suraj bhi bahut pasand hai Kavya bolati hai yah kaisi baat hai tum apne boyfriend ko bhi pasand karti ho aur tumhen Suraj bhi pasand hai bahut kaise chalega Puja bolati hai kya Karun Suraj bhi bahut hot hai aur vah mujhe bahut pasand lagta hai main kam Karti hun main donon se shaadi kar leti hun aur majak karne lagti hai Kavya ke sath Kavya bolati hai han kar lo donon ke sath shaadi kar lo tumhen to donon hi bahut pasand hai na aur donon ke bich mein yah sab baat hone lagti hai kuchh der bad college pahunchkar Puja Apne boyfriend ko dhundhne lagti hai thodi der bad uska boyfriend use mil jata hai aur use hay bolata hai Puja bhi use hay bolati hai Puja use cal ke bare mein sab kuchh batati hai aur bolati hai ki mujhe ladke wale dekhne aaye the Puja ka boyfriend se puchta hai to tumne kya bola Puja bolati hai main apni mummy papa ke khilaf nahin ja sakti isliye maine han bol diya hai lekin Puja ka boyfriend use bolata hai ki main bhi tumse bahut pyar karta hoon tumhare bina nahi reh paunga please tum use shaadi mat karo mere sath bhag chalo ham log kahin aur jakar shaadi kar lenge aur vahin per rahenge itne mein Kavya bolati hai Puja ke boyfriend Ko Tum jaisa soch rahe ho vaisa nahin Ho aur itna aasan bhi nahin hai yah sab karna Puja bahut acche Ghar wale ki ladki hai aur vah sab nahin karegi Puja ka boyfriend bolata hai to Tum hi batao Puja ab ham donon kya Karen Puja bolati hai tum mujhe kuchh din ka time do mein

Bata dungi main kisse shaadi karungi
aur yah sab bol ke Puja aur Kavya
Apne class Chali jaati hai aur Puja ka
boyfriend bhi Apne class chala jata hai
thodi der bad class khatm karke donon
Apne Ghar wapas a jaati hai vahan per
Puja ke mummy Puja ko ek surprise
deti hai aur bolati hai ki Puja Aaj
tumhen apne fiance ke sath dinner per
jana hai Puja bolati hai itni jaldi kya
hai cal hi to mile hain aur aaj dinner
per chale jaen Puja ki mummy bolati
sirf dinner ke hi to hi baat hai aur tum
Kavya ko bhi le Lena Apne sath
tumhare fiance ka phone aaya tha
tumhare papa ko aur Papa ne mujhe
call karke Bata Diya 7:30 ko tumhen

jana hai aur Puja bolati hai theek hai
Mummy main Chali jaaungi uske bad
Puja apna khana khatm karke Apne
room mein Chali jaati hai aur Kavya ko
call karke bolati hai ki aaj sham ko
7:30 ko Tum ready rahana ham donon
dinner karne ke liye mere fiance ke
sath ja rahe hain theek hai Kavya
bolati hai tumhari mummy ka call aaya
tha unhone mujhe pahle hi Bata diya
tha main ready rahungi bolkar phone
cut kar deti hai donon ready hokar
Apne Apne Ghar se bahar nikal kar a
jaati hai dinner jaane ke liye Kavya
Puja se puchti hai ki hamen kaun sa
restaurant jana hai Puja bolati hai
yahin per ruko hamen car lene ke liye a

rahi hai aur donon intezar karte hain car ka thodi der bad Car a jaati hai aur vah donon car mein baithkar restaurant ki or chale jaate Hain Jahan per Suraj pahle se hi intezar karta hai aur donon vahi pahunch jaati hai car se Nikal ke restaurant ki or jaane lagti hain thodi dur per Suraj baitha dikhai padta hai Puja aur Kavya donon uske pass jakar baith jaati hai Suraj Puja ko hay bolata hai aur puchta hai tum kaisi ho Puja Suraj ko bhi hay bolati hai aur bolati main theek hun idhar Kavya chupchap baithi rahti hai aur UN donon ki baatein sunane lagti hai Suraj Puja se puchta hai ki tumhen koi problem to nahin mujhse shaadi karne ke liye Puja bolati hai nahin mujhe koi problem nahin balki main aapse bahut pyar karti hun Suraj bahut khush ho jata hai aur hansne lagta hai aur bolata hai ki main bhi aapse bahut pyar karta hun thodi der bad Suraj dinner ka order karta hai aur vah teenon baithkar khana khane lagte Hain khana khatm hone ke bad Suraj Puja ko ek diamond ring gift karta hai aur Puja ko pahnane lagta hai Puja apna hath bahar kar deti hai aur aur Kavya chupchap yah sab dekhti rahti hai kuchh bhi nahin bolati aur khane mein Dhyan rahata hai uska thodi der bad Suraj bolata hai ki ab Tum donon Ko Ghar Jana chahie kyunki bahut Raat ho chuki hai aur Puja bhi bolati hain han hamen ab Ghar Jana chahie tab tak teenon ka khana kha chuke hote Hain aur vahan se Puja aur Kavya usi car mein fir se baithkar Ghar wapas a jaati hai aur raste mein Kavya Puja se puchti hai kya hua Suraj ne mujhe ek bhi gift nahin diya tumhare boyfriend ne to mujhe gift Diya Puja bolati hai baat to sahi hai pata nahin usne Aisa kyon Kiya lekin tumhen kuchh gift bhi nahin diya aur tumhari taraf usne aankh uthakar bhi nahin dekha Kavya bolati hai bahut sanskari ladka hai isiliye usne meri taraf ek bar bhi dekha nahin Puja bolati hai isiliye to main use bahut bahut pasand Karti hun UN donon ke bich mein yah sab baat khatm hone ke bad vo log ghar pahunch jaate Hain aur apne Ghar wapas chale jaate Hain Kavya aur Puja ka family Puja ka Ghar per intezar kar rahe the ki kab Puja aaegi kyunki Raat ka 10:00 baj chuka tha Puja aati hai ghar per aur batchit karti hai apni mummy se mummy puchti hai to dinner kaisa tha Puja bolati hai dinner bahut hi achcha tha aur usne mujhe ek diamond ring bhi gift Kiya hai Puja ki mummy bolati hi hai yah to bahut acchi baat hai aur vahan per uske papa bhi baithe rahte hain aur uska bhai bhi baitha rahata hai aur yah sab baat sunkar vah log man hi bahut khush hote hain kyunki baap aur beti ko ladka bahut hi pasand hai isliye vah bahut khush hote Hain aur Puja sabko bye bol kar Apne room mein Chali jaati hai aur Sone lagti hai thodi der bad Puja ka family bhi Apne kamre mein jakar sab log Sone lagte Hain

agale din Puja uth kar breakfast karne lagti hai aur idhar se Kavya call Karti hai Puja ko aur bolati hai bahar aao mujhe tumse baat karni hai Pooja bahar aati hai aur Kavya se baat karti hai kya hua bolo Kavya bolati hai ki tumhara boyfriend mujhe bahut der se phone kar raha hai tumse baat karne ke liye Puja bolati hai Abhi to ham college jaenge hi Na to main usse baat kar lungi abhi kyon phone kar raha hai tumhen Kavya bolati hai mujhe kya maloom Tum ek bar usse baat kar lo Puja Apne boyfriend ko call Karti hai aur use bolati hai main College mein Aakar tumse baat karungi abhi tum phone rakho mere mummy papa samne Hain aur phone cut kar deti hai aur vahan se Kavya aur Puja college ki or jaane lagte Hain chal kar kyunki UN donon ko baat karna tha isliye raste mein ek ladka khada hua dikhai padta hai aur actually uska bike kharab ho chuka rahata hai aur vah bahut pareshan rahata hai ki yahi kahin koi dukaan hai thodi der mein vahin per

Puja aur Kavya aati Hain to vah ladka jiska Naam Rahul hai vah Puja se puchta hai excuse me please aap mujhe Bata sakti hain yahan pe Kahan bike repair ka dukaan kahan per hai Puja aur Kavya donon use ladke ko dekhte rahti Hain kyunki ladka bahut handsome rahata hai aur bike bhi bahut achcha hoti hai lekin UN donon ko pata nahin tha isliye Puja ne bola ki mujhe nahin pata idhar bike repair ki dukaan kahan hai aur bol kar Puja aur Kavya vahan se Chali gai aur Rahul bhi vahan se paidal chalkar dhundhne Laga dukaan kahan per hai thodi der bad Puja aur Kavya college pahunch jaati Hain aur college mein Puja Apne

boyfriend se baat karti hai kya hua
tum kyon phone kar rahe the main
tumse baat kar rahi hun na Puja ka
boyfriend bolata hai tum cal dinner per
gai thi mujhe pata chala main bahut
pareshan ho gaya tha isiliye aur suna
hai ki usne tumko diamond ring Diya
yah to bahut acchi baat hai to tumne
kya decide kiya abhi tak Puja bolati hai
Abhi Jaise chal raha hai vaise chalne do
main abhi bhi tumse bahut pyar karti
hun tumhare Bina main bhi nahin rah
paungi isiliye Jaise chal raha hai vaise
chalne do bad mein ham ise dekhenge
aur kuchh plan karenge aur abhi
please tum jao Apne class karo aur
apne padhaai per Dhyan do aur mujhe

bhi Apne padhaai per Dhyan dena hai
yah sab bolkar Puja aur Kavya Apne
class ki or Chali jaati hai aur class
khatm hone ke bad wapas Ghar a jaati
hai raste mein Kavya Puja se puchti hai
tumhare dimag mein kya chal raha hai
mujhe to kuchh bhi samajh mein nahin
a raha hai cal dinner mein tumhen usse
bahut pyar karti ho yah Kahan aur aaj
ise bhi Tum pyar karti ho yah Kaha
mujhe samajh mein nahin a Raha Tum
donon se pyar Karti Ho Puja bolati hai
han main donon se bahut bahut pyar
karti hun aur mujhe samajh mein nahin
a Raha ki main kisse apna life bnao
isliye main donon ko kuchh dinon Tak
date karungi aur ek Ko han ya na bol

ke ek se shaadi kar lungi to Tum chinta mat karo Kavya Kavya bolati hai theek hai tumhari Jaisi marji aur apni Ghar wapas chale jaate Hain donon Kavya Apne Ghar Puja Apne Ghar Puja Apne Ghar ke andar pahunchti hai aur khana khati hai uske bad Apne room wapas Chali jaati hai idhar se WhatsApp per uske boyfriend ka aur uske fiance donon ka message aaya hua rahata hai aur donon ko reply karne lag jaati hai Puja ki mummy Raat ka dinner banane ke taiyari mein lag jaati hai aur thodi der bad uske Papa aur bete bhi a jaate Hain aur sab log milkar dinner khatm karte Hain aur Apne Apne room wapas chale jaate Hain sone ke liye *agale din Pooja subah bahut jaldi uth jaati hai aur use man karta hai morning walk jaane ke liye kyunki Aaj Sunday ka din hai aur college band hai to Puja morning walk ke liye Chali jaati hai vahin ke pass mein ek bar park rahata hai morning walk karne lagti hai morning walk khatm karne ke bad Jo Ghar wapas aati hai to vahi ladka Jo cal use mila tha bike ke sath vah ladka use dikhai padta hai per Puja use ignore karti hai Lekin Rahul use pahchan jata hai aur vah usse baat karne ki koshish karta hai aur Puja ke samne Rahul Aakar khada ho jata hai aur use bolata hai thank u so Mach*

aap cal meri help kiya tha per Puja
bolati hai hamen to bola tha nahin
pata Rahul bolata hai pata hai mujhe
aapane cal bola tha mujhe nahin pata
lekin main yahin per thode der aage
jakar kisi se poochha to usne mujhe
dukaan ka adress Bata Diya aur mera
bike repair Ho Gaya to thank u so
Mach Puja bhi most welcome bolati hai
aur jaane lagti hai Rahul usse aur baat
karne ki koshish karta hai jaise ki
tumhara koi boyfriend hai ya nahin
yah sab puchta hai Puja se Puja use
bahut hi jor se ignore karti hai aur
vahan se gussa hokar Apne Ghar Chali
jaati hai aur Rahul use bus dekhta hi
rahata hai piche se Puja vahan se sidha

Apne Ghar Chali jaati hai ghar pahunchkar coffee peene lagti hai aur sochati hai Rahul ke bare mein Rahul ne mujhse kyon poochha tumhara koi boyfriend hai ya nahin kya vah mujhse pyar Karta hai Puja yah sab soch ke coffee peene lagti hai Puja uske bad Kavya ko call Karti hai per Kavya phone nahin uthati kyunki vah soi rahti hai Puja phone cut kar deti hai aur apne room jakar ghumne jaane ke liye ready Ho jaati hai aur niche aati hai aur apna breakfast khatm karke Ghar se bahar nikal jaati hai aise hi idhar udhar ghumne ke liye Puja Kavya ke ghar jaati hai aur use bhi bolati hai Tum bhi mere sath chalo ghumne ke liye Kavya bolati hai ruko main change karke aati hun aur ham donon milkar jaenge ghumne ke liye Kavya change karke wapas aati hai aur puchti hai Puja se ki kya ham donon kisi se milane ja rahe Hain ya to tumhara boyfriend ya to tumhara fiance Puja bolati hai nahin Aaj ham kisi se nahin milenge ham Aaj aise hi ghumne jaenge Kavya bolati hai kyon na chalo ham log Mall jaate Hain Puja bolati theek hai chalo Puja aur Kavya auto pakad ke ek Mall Chali jaati hai vahan per fir se Rahul use dikhai padta hai Puja ko Puja Kavya se bolati hai kya ho raha hai mere sath main Aaj subah hi use ladke se Mili thi Jo ki abhi vahan per dikhai de raha hai Kavya bolati hai Kaun sa Puja Kavya ko use ladke ko dikhati hai aur Kavya pahchan jaati hai yah to vahi tha bike wala Puja Kavya Ko bolati hai Aaj subah mein morning walk per gai thi vahan bhi mujhe yah mila tha aur yah dusra bar hai jab ham donon mil rahe Hain ek ki jagah per Kavya bolati hai ho sakta hai yah bhi tujhse pyar Karta Ho isiliye Shayad Tum use mil rahi ho Puja bolati hai chup raho apna munh band rakho main usse pyar nahin karti Kavya bolati hai theek hai ham log kuchh shopping kar lete hain Rahul Puja aur Kavya ko donon ko dekh chuka rahata hai dur se hi lekin vah Apne family ke sath aaya hua rahata hai isliye Puja aur Kavya se baat nahin kar pata aur unki shopping bhi Puri ho chuki rahti hai isliye vah wapas Apne Ghar chale jaate Hain Rahul ke family aur idhar Kavya aur Puja Apne shopping mein lag jaati hai kuchh der bad Puja aur Kavya shopping pura karke lunch karne ke liye vahi ke kisi pass ke restaurant mein jakar lunch apna karne lagti hai aur lunch khatm karke wapas Ghar a jaati Hain Puja Apne Ghar Chali jaati hai aur Kavya Apne Ghar Chali jaati hai Puja Apne Ghar jakar Sara shopping ka kapda Apne room mein kholkar check karne lagti hai aur baith jaati hai aur WhatsApp ka message ka reply karne lag jaati hai thodi der tak iske bad Sham ka samay ho chuka rahata hai aur Puja Ko Pani puri khane ka bahut man karta hai aur vah pass ke Pani puri dukaan mein jaati hai aur pani puri khane lagti hai aur yahan per Rahul bhi a jata hai aur pani puri order kar deta hai kyunki Puja pahle se hi vahan per pani puri kha rahi hai aur Rahul abhi aata hai aur pani puri khane lagta hai lekin Abhi Tak Rahul Puja Ko nahin dekha hai Lekin Puja Na Rahul ko dekh liya hai Rahul ek plate khatm karke dusre plate order Karta hai tab Rahul Puja ko dekh leta hai aur man mein Bhagwan ko thank u bolata hai ki ya teesra bar tha usi ladki se mil raha hai Rahul aur Rahul Puja ki taraf bahut der se ghur raha hai use Puja uncomfortable mahsus karti hai aur pani puri khakar Paisa dekar vahan se ghar jaane lagti hai idhar Rahul bhi pani puri khakar Paisa dekar uske piche jaane lagta hai aur piche se awaaz deta hai hello please mujhse ek bar aap baat kar lo Puja bolati hai main tumse baat nahin karungi Rahul bolata hai ek bar baat to kar lo Puja bahut gusse mein hokar usse baat Karti hai theek hai bolo Rahul usse bolata hai Bus itna sahi bolata hai usse tum bahut Sundar lagti Ho aur Khush Raha karo tumhare chehre per udaasi acchi nahin lagti tumhara smile wala chehra bahut achcha lagta hai aur tum per suit bhi karta hai isliye Khush Raha karo bus yahi sab bolkar vah vahan se Rahul chala jata hai aur Puja bahut khush ho jaati hai kyunki kuchh dinon se Abhi bahut tension mein thi aur vah decide nahin kar pa rahi thi aur Achanak se Puja ko Rahul pasand a jata hai Lekin Rahul ja chuka hai Puja aur Puja apne ghar ja rahi hai raste mein Puja ko call aata hai uske fiyon se ka aur phone uthakar Apne fiyon se baat karne lagti hai raste per hi chalkar vahi sab aaj ka din kaisa tha kaisi ho khana khaya ki nahin apna khyal rakha karo aur itni Raat Ko Pani puri khane mat Jaya Karo ghar mein jao ladki ke liye safe nahin hota yah sab bolane lagta hai Suraj use phone per ya sab sunkar Puja Surat ko reply karti hai theek hai main ghar ja rahi hun aap phone cut kar dijiye aur Puja phone cut karke Ghar pahunch jaati hai ghar mein uski mummy usse baat Karti hai beti Tum kuchh dinon se bahut udaas dikhai pad rahi ho koi problem hai Puja mummy ko reply karti hai aur bolati hai nahin mummy koi problem nahin hai main theek hun aur Puja ki mummy use coffee deti hai peene ke liye Puja coffee peene lagti hai aur sochati hai aaj Mummy ne bhi Mera chehra pakad liya ki main bahut udaas hun aur Rahul mein bhi Mera

chehra pakad liya ki main udaas hun
donon ka khyal milta hai meri mummy
ka aur Rahul ka yah sab soch ke coffee
peene lagti hai thodi der bad uske
boyfriend ka call aata hai aur vah bhi
usse baat karne lagta hai aur bolata
hai kaisi ho mujhe pata chala ki tum
abhi pani puri kha kar Ghar per raho
Raat Ko nahin ghumna chahie na yah
sab bolane lagta hai Puja gussa hokar
Apne boyfriend ka phone cut kar deti
hai aur sidhe Apne room mein jakar
Sone lagti hai kyunki abhi dinner ka
time hai Puja bed per vah bahut
koshish kar rahi hai Rahul ke bare mein
na soche na soche Lekin fir bhi Rahul
ka Jo baat suna tha uske dimag mein

chipak chuka tha aur vah ek hi baat ko
Baar Baar soch rahi thi thodi der bad
Puja ki mummy use dinner karne ke
liye bulati hai aur use khana deti hai
aur donon milkar khana kha lete Hain
kyunki Aaj uske Papa aur uske beta
donon bahar gaye hue hain kuchh kam
ki vajah se to UN donon ko aane mein
let hoga isliye man aur beti khana
khakar Apne room mein jakar Sone
lagti hai

agale din Puja subah uthkar apna
breakfast khatm karke college ke liye
nikalne lagti hai aur Kavya bhi uske
Ghar a jaati hai uske sath college jaane
ke liye aur donon ek sath Ghar se

bahar nikal kar college jaane lagte
Hain aur Aaj bhi chalkar jaane Wale
Hain thodi dur chalne ke bad UN donon
ke piche se ek bike samne Aakar Ruk
jaati hai aur usmein se Rahul utarkar
aata hai aur hath mein gulab ka phool
liya rahata hai aur Puja ko propose
Karta hai I love u tu Puja yah sab dekh
kar aur sunkar bahut impress hoti hai
aur Puja kuchh nahin bolati lekin gulab
le leti hai uske hath se aur Kavya Puja
college ki or chale jaate Hain aur Rahul
bhi Apne bike per baithkar Apne kam
mein chala jata hai Kavya Puja se
puchti hai tumne gulab kyon liya Puja
bolati hai Bus aise hi le liya aur donon
college Chali jaati Hain college mein

Puja ka boyfriend use dekhta hai aur use dur se hi dekh kar gusse se Lal ho jata hai kyunki Puja ke hath mein gulab phool rahata hai isliye vah sochta hai ki uske fiyon ne Diya hai Lekin use nahin pata ki kisne Diya hai Puja aur Kavya donon Apne class Chali jaati Hain aur uska boyfriend bhi apni clas mein chala jata hai class khatm hone ke bad Kavya Puja se baat karti hai aur puchti hai Rahul ke bare mein to puja bolati hai cal Raat Ko main pani puri khane gai thi aur vahan per mujhe Rahul Mila aur vah mujhe baat kar raha tha aur kuchh bol Raha tha Jo mujhe sunkar bahut hi achcha Laga isliye maine uska gulab le liya aur

Shayad main usse pyar karne lagi hun kyunki vah mere samne rahata hai to main bahut Khushi mahsus Karti hun Kavya bolati hai are yah kya problem hai tum teen ladke ko date karogi ek college mein rahata hai ek tumhara fiance hai aur ek abhi ka abhi aaya hai Tum kar kya rahi ho mujhe kuchh bhi samajh mein nahin a raha hai Pooja bolti hai Kavya Tum chinta mat karo ham donon milkar teenon ko handle kar lenge bus Tum meri madad karte rahana jab main bolungi tab aur yah sari baat karke vah donon Apne Ghar pahunch jaate Hain aur Apne Apne Ghar chale jaate Hain Puja Apne Ghar pahunchkar khana khakar Apne room

jakar Ghar se bahar aati hai aur vahan
per Rahul bike per baitha uska intezar
kar raha hota hai Puja use dekh kar
uske pass jaati hai aur use morning ka
jawab deti hai aur bolati hai Puja ki
main bhi tumse bahut pyar karti hun
Rahul yah sab sunkar bahut khush hota
hai aur use bolata hai to chalo abhi
mere sath coffee peene ke liye aur
donon coffee peene ke liye coffee day
chale jaate Hain usi time per aur coffee
pi ke wapas bhi a jaate Hain kuchh
aadhe ghante mein kisi ko bhi pata
nahin chalta na Kavya Ko Na uske
mummy papa ko aur na hi Puja ki
mummy papa ko uske bad Kavya ko
uske fionsi ka phone aata hai aur Puja

phone uthati hai aur baat karti hai
Suraj use bolata hai aaj ham pani puri
khane chale Puja bolati hai theek hai
chalenge Kitna baje jana hai boliye
Suraj bolata hai main tumhen Pani Puri
ke dukaan se call karunga tum a Jana
aur Puja bolati hai theek hai aur phone
cut kar deti hai idhar Puja ka boyfriend
WhatsApp pe message bhi karte
rahata hai aur call bhi karte rahata hai
Puja kuchh message ka reply bhi karti
hai aur kuchh call bhi attend karti hai
apne boyfriend ka thodi der bad Puja
ghar mein Chali jaati hai uske bad
Suraj ka phone aata hai aao Tum main
tumhara intezar kar raha hun pani puri
khane main aur Puja Ghar se bahar

nikalti hai to dekhti hai ki vahan per
Rahul bike lekar intezar kar raha hai
Puja Rahul se puchti hai tum yahan per
kiska intezar kar rahe ho Rahul bolata
hai ki main tumhara hi intezar kar raha
tha to Puja bolati hai tumhen itna
Bharosa kaise tha ki main is time per
nikalungi Rahul bolata hai ki mujhe
Bhagwan per Bharosa tha aur main
yahan per bus tumhara intezar kar
raha tha aur tum abhi a chuki ho to
chalo tumhen main pani puri khilane
lekar jata hun aur Puja impress ho jaati
hai aur uske bike mein baithkar Pani
puri khane Chali jaati hai aur idhar
Puja ka fiyon se use call per call karte
rahata hai lekin Puja call nahin uthati

hai kyunki silent mod per rahata hai phone pani puri khane ke bad Rahul Puja ko uske Ghar drop kar deta hai aur bye bolkar vahan se chala jata hai Puja bahut khush hoti hai Rahul ke sath aur vah sidha Kavya ke ghar jaati hai aur Kavya se baat karne ki koshish Karti hai kyunki vah abhi bhi confuse hai kyunki vah teen ladke ko date kar rahi hai theek hai Puja Kavya ke ghar ke andar jaati hai Kavya ko pukarne lagti hai Kavya tum kahan per Ho Kavya Puja ki awaaz sunkar vahan per a jaati hai aur bolati hai bolo Puja kya hua Puja bolati hai main tumse bahut jaruri baat karna chahti hun please tum apne room mein chalo aur donon

Kavya ke room mein chale jaate Hain vahan per baithkar Puja Kavya se discuss karti hai Apne teenon boyfriend ke bare mein aur Kavya koshish Karti hai ki vah Apne best friend ka problem ko solve Karen Kavya aur Puja bahut der Tak baat karte hain Lekin usse koi fayda nahin hota Puja ko kyunki Puja teenon se bahut hi jyada pyar karti hai uske dimag mein yah chal raha tha ki agar use teenon se shaadi karna pade to vah teenon se bhi shaadi kar legi Lekin use kisi ek se hi shaadi karna hai isliye vah confuse Ho jaati hai aur Kavya se bhi itne der baat karke use kuchh fayda nahin hota isliye Kavya ko bye bolkar Apne Ghar wapas Chali jaati hai Puja Ghar per jakar khana khane lagti hai aur kuchh der mummy se baat karti hai vahan per uska bhai aur papa TV dekh rahe hote Hain aur yah bhi jakar TV dekhne lagti hai thodi der bad sab log Apne Apne kamre mein jakar Sone lagte Hain aur

agale din Pooja jaldi uthkar morning walk per Chali jaati hai fir se vahan per Rahul iska intezar kar raha hota hai kyunki use pata hota hai ki aaj Puja aaegi morning walk per Puja Rahul Ko dekhkar bahut khush hoti hai aur use gale Laga leti hai thodi der bad Rahul aur Puja baat karne lagte Hain to Puja puchti hai Rahul se Tum kya Kam karte ho Rahul bolata hai main restaurant mein manager ka kam karta hun vaise to bahut biji life hai lekin tumhare liye bahut time hai tum jab bulaogi tab main a jaunga Puja bolati hai vah Aisa baat hai Rahul bolata hai han aisa hi hai Puja bolate kyon main jab bulaungi tab Tum kyon aaoge tumhara kam bhi hai na Rahul bolata hai kam to jindagi bhar karna hai lekin tumhen jab meri jarurat hai tab main tumhare sath hi rahunga ya main promise karta hun aur main promise Puja Hans kar bolati hai theek hai aur donon batchit karne lagte Hain bahut der Tak thodi der bad Puja Apne Ghar wapas Chali jaati hai kyunki use college jana hai aur Rahul use drop kar deta hai uske ghar ke pass bike se aur first time Rahul aur Puja donon ek dusre ko kiss karte Hain Puja Rahul ko bye bolkar vahan se apne ghar chale jata hai Rahul bhi vahan se apne ghar chala jata hai Puja Apne Ghar jakar Apne kamre mein jakar kapda change karke niche aati hai breakfast karne ke liye aur idhar uski mummy breakfast ready karne lagti hai Puja ke liye kyunki Puja ke Papa aur Puja ka bhai donon vahan se breakfast karke Apne kaam mein ja chuke hain aur Puja breakfast karne lagti hai Pooja Kavya ko call Karti hai aur puchti hai Tum nikalo Ghar se jaldi ham log ko college jana hai Kavya bolati hai main nikal chuki Hun Tum aao ghar ke bahar Puja apna breakfast khatm karke ghar ke bahar Chali jaati hai vahan per Kavya uska intezar karti hai donon milkar college jaane lagte Hain thodi der bad main Puja ko call aata hai Suraj ka Puja call uthati hai aur usse baat Karti hai Suraj bolata hai kya hua Puja cal Tum pani puri khane kyon nahin I Puja bolati hai main Kavya ke sath bahut biji thi isiliye nahin a Pai Suraj bolata hai to phone to kar dena chahie tha Puja bolati hai bahut biji thi isliye phone nahin kar Pai Suraj bolata hai theek hai aur batao tum kaisi ho Puja bolati hai main theek hun aap kaise ho Suraj bolata hai main bhi theek hun aur phone cut kar deta hai idhar Kavya Puja se puchti hai Tum cal sham ko mere sath kahan thi tumne jhooth kyon bola Puja bolati hai main cal sham ko Rahul ke sath thi aur uske sath pani puri kha rahi thi to Kavya bolati hai mujhe Bata Dena chahie tha na agar Suraj mujhe call karke puchta to main kya bolata Puja bolati hai agali bar se Suraj ya Mera boyfriend donon mein se kisi ka call aata hai Tum bolna main bahut busy hoon Kavya bolati hai theek hai aur donon college pahunch jaate Hain college ke andar jakar Apne class room mein baith jaate Hain aur padhaai karne lagte Hain idhar Puja ka boyfriend usse milane ke

liye aur baat karne ke liye bahut
pareshan rahata hai college ke bahar
Puja ka intezar karta hai Puja aur
Kavya college se bahar aati Hain aur
Puja Apne boyfriend ko dekhti hai
Kavya bolati hai abhi tum apne
boyfriend se baat mat karo sidha ham
Ghar chalte Hain per Puja bolati hai
nahin main thoda baat kar leti hun
Apne boyfriend se aur Puja Apne
boyfriend se baat karne lagti hai bolo
kya hua boyfriend bolata hai tum
mujhse baat nahin karti mera phone
receive nahin karti mujhe itna ignore
kyon kar rahi ho Puja bolati hai thodi
biji hun isliye tumse baat nahin kar
paati lekin tumhen pata hai na main

tumse bahut pyar karti hun to fir Tum chinta kyon karte ho boyfriend bolata hai mujhe pata hai tum mujhse bahut pyar karti ho aur main bhi tumse bahut pyar karta hun lekin main kya Karun tumhare Bina rah nahin pata Puja bolati hai main bhi tumhare Bina rah nahin paati boyfriend bolata hai theek hai ab tum Ghar jao aur Puja ko bye bol kar vahan se chala jata hai Puja aur Kavya bhi vahan se Apne Ghar Chali jaati hai raste mein Rahul a jata hai bike se aur Puja Kavya se baat karne lagta hai Rahul bolata hai hello Puja kaisi ho Puja bolati hai main theek hun tum kaise ho Rahul bolata hai main theek hun Puja Kavya ko introduce karati hai Rahul se Rahul Kavya ko bhi hello bolata hai aur puchta hai tum kaisi ho Kavya bolati hai main theek hun tum kaise ho main bhi theek hun aur donon ko lunch ke liye invite karta hai abhi Puja Kavya donon pahle to Mana karti hai lekin man jaati hai aur vahan se teenon lunch karne ke liye restaurant chale jaate Hain Rahul Puja ko bike mein baitha kar lekar jata hai aur Kavya piche se auto mein aati hai restaurant khana khane ke liye restaurant ke andar teenon baithkar khana khane lagte Hain aur bahut sari Hansi majak karne lagte Hain khana khane ke bad Rahul Puja Ko bolata hai theek hai bye

aur Puja aur Kavya Rahul Ko bolati hai
thank u lunch ke liye aur vahan se auto
pakad ke Apne Ghar wapas a jaati hai
kyunki Rahul ko Apne duty mein jana
tha isliye vah Puja ko chhodane bike se
nahin ja pata isliye UN donon ko
bolata hai tum log auto se Chali jao
Ghar Puja Kavya Ghar pahunchkar
Apne Apne Ghar Chali jaati Hain Puja
Apne Ghar pahunchti hai aur mummy
ko hay bolati hai uski mummy use
bolati hai Puja khana kha lo lekin Puja
bolati hai nahin mummy maine lunch
kar liya hai hamare dost ne restaurant
mein lunch karaya Puja ki mummy
bolati hai theek hai koi baat nahin aur
Puja vahan se apne room mein chale

jaati hai vahan per SPuja ka call aata hai aur Puja call uthati hai aur Surat se baat karne lagti hai donon bahut der tak baat karne lagte Hain aur Sham bhi Ho jaati hai uske Papa aur bhai ka time bhi ho jata hai aane ka Puja phone cut kar deti hai aur niche a jaati hai apni mummy ko help karne lagti hai dinner ke liye thodi der bad Puja ke Papa aur bhai donon ghar a jaate Hain aur dinner sab log milkar karne lagte Hain Hansi majak aur kam ke bare mein batchit karte hue apna dinner khatm karte Hain aur Apne Apne room jakar so jaate Hain agali din Puja Apne kamre mein so rahi hoti hai kyunki Aaj Sunday ka din hai aur college band hai idhar Rahul park ke samne Puja ka intezar karta hai subah 6:00 baje se per Rahul use call nahin karta Lekin 10:00 baj jaane Tak Rahul se Raha nahin jata aur Rahul Puja ko call karta hai Puja call uthati hai lekin so rahi hoti hai isliye pahla call nahin utha paati Rahul fir se call karta hai aur Puja call utha leti hai aur bolati hai main abhi so rahi hun bolo kya baat hai Rahul bolata hai pahle Tum time to dekho Sunday hai to kya hua 10 baje tak tum so hi rahogi Puja time dekhti hai aur 10:00 Baja hota hai subah ka aur bolati hai mujhe pata hi

nahin chala itna time ho gaya vaise
tum ho kahan per Rahul bolata hai
main paar main tumhara subah 6:00
baje se intezar kar raha hun aur tum
abhi tak so rahi ho Puja bolati hai
achcha koi baat nahin main aati hun
abhi tumse milane ke liye Tum vahan
per Mera intezar karo idhar Puja Apne
kamre se nikalkar usi time Ghar se
bahar nikal kar park ki or jaane lagti
hai chal kar aur vahan se Rahul bike
mein baitha hua dikhai deta hai Puja
ko Puja bahut khush hoti hai use
dekhkar aur usse isharon ishare mein
baat karne lagti hai idhar se use road
ke paar jana hai aur vah use dekh kar
bahut khush hoti Hui baat karte hue

idhar se ek car Puja ko takkar maar ke Chala jaati hai kyunki Puja Rahul ko dekhkar road paar kar rahi thi usne idhar udhar dekha nahin isliye car se uska accident ho jata hai vahan se Rahul use dekhta hai aur vah use bachane ki koshish karta hai aur vahan se vah bhag ke aata hai to use bhi ek bike wale ke sath takkar Ho jaane hai uska bhi accident ho jata hai aur donon vahin per gir jaate Hain road per Rahul abhi hosh mein rahata hai per use chot lagne ke Karan v uth nahin pata hai idhar Puja hosh mein nahin Hoti hai use bahut jor se chot laga hua rahata hai aur vah hil bhi nahin paati hai kuchh der bad vahan per bahut bheed

jama Ho jaati hai aur ambulance Aakar
UN donon ko ambulance mein dalkar
hospital le jaati hai idhar kuchh log
Puja ke family ko jante hain aur vah
log pahchan jaate Hain ki Puja hi hai to
vah log uske mummy papa ko khabar
de dete Hain phone karke aur uske
mummy papa Ghar se Nikal ke hospital
jaane lagte Hain idhar Kavya ko Puja
ke bhai ka call aata hai aur vah usse
puchta hai kya Puja tumhare ghar I thi
morning Kavya bolati hai Puja ke bhai
ko nahin Puja mere Ghar nahin I thi
Kavya puchti hai kya hua Puja ke bhai
se to Puja ka bhai bolata hai Kavya ka
accident ho gaya hai use hospital lekar
Gaye Hain Tum bhi a jao ham log Abhi

vahin ja rahe Hain Kavya bolati hai theek hai ham log bhi vahin per aate Hain aur Kavya Puja ke boyfriend ko message kar deti hai ki Puja ka accident ho gaya hai tum hospital aao aur vah bhi jaane lagti hai idhar Puja ke Papa Apne damad ko phone karte Hain Suraj tum kahan per Ho Suraj bolata hai main Ghar per hi hun aap kaise ho Puja ke Papa bolate Hain ham log abhi hospital ja rahe Hain beta Puja ka accident ho gaya hai tum bhi a jao vahin per Suraj yah sab sunkar bahut hi shauk ho jata hai aur apni car lekar hospital chale jata hai apne family ke sath sab log hospital pahunch jaate Hain hospital ke andar

Puja ke Papa pata lagate Hain unki beti kaisi hai aur vahan ka doctor Puja ko mara hua declare kar deta hai aur sare family mein dukh ka mahaul chalne lagta hai idhar Kavya aur Puja ka boyfriend bhi donon Rone lagte Hain aur sab log Rone lagte Hain kyunki Puja Aaj is duniya mein nahin rahti hai doctor thodi der bad Aakar bolata hai aaj subah jo 2 accident hua tha usmein se jo ladka hai vah Bach chuka hai kya aap use pahchante Ho kyunki iska abhi tak koi pahchan ka nahin aaya hai hospital mein sab log bolate Hain ham log nahin jante kaun hai vah lekin Kavya ko lagta hai ki Shayad vah Rahul hoga aur vah use

ladke ko dekhne ke liye jaane lagti hai
Kavya dekhti hai ki sach mein Rahul hi
rahata hai jo abhi behosh pada hua hai
Kavya sister se puchti hai ise kya hua
tha sister batati hai Aaj subah
ambulance mein ek ladka aur ek ladki
aaye the ladki to mar chuki thi Lekin
ladka Bach Gaya aur vahi yah ladka
hai aisa bolkar sister vahan se Rahul ka
sara saman deke Chali jaati hai Kavya
Rahul ke family ko inform kar deti hai
aur thodi der bad Rahul ke bhi family
vahan per a jaate Hain kyunki sister
uska phone wallet Kavya ko de deti hai
kyunki use lagta hai yah uski friend hai
aur Kavya phone ko unlock karke Rahul
ke family ko inform kar deti hai aur

Kavya Puja ke mummy papa ke pass Chali jaati hai kuchh der bad doctor Aa kar bolata hai Puja ke Papa ko aap ded body le ja sakte hai Puja ke Papa bahut dukhi hote Hain aur Suraj bhi bahut dukhi hota hai Suraj jakar doctor se baat karta hai aur ded body le jaane lagta hai aur ded body pura pack Kiya hua rahata hai Lekin Puja ka boyfriend yahan per apna dimag lagata hai aur Suraj Ko bolata hai Suraj Tum chalo main ded body ko lekar aata hun hospital ke bahar aur Puja ka boyfriend bahut hi gusse mein rahata hai kyunki Puja use bahut ignore kar rahi thi kuchh dinon se isliye hua ded body exchange kar deta hai kisi aur body ke sath aur Puja ke body ko murdaghar ke ice wale kamre mein bahut hi surakshit se rakh deta hai aur kisi aur ka body lekar hospital ke bahar pahunch jata hai aur vahan per Suraj Puja ke family aur Kavya ke family intezar kar rahe hote Hain vahan se sab log sidhe shamshan Ghat pahunchte Hain aur aage ki vidhi per Kiya jata hai aur Puja ka boyfriend sabko dikhata hai ki vah bhi bahut dukhi hota hai aur idhar Rahul thodi der bad hosh mein a jata hai aur apne mummy papa se puchta hai maa aap pata karke aao yahan per Jo subah Puja Naam ki ladki thi vah theek hai ya nahin uske mummy papa jakar pata

lagate hai aur pata lagta hai ki Puja
mar chuki hai aur wapas Aakar Rahul
ko batate Hain ki Puja ab is duniya
mein nahin hai Rahul bahut Rone lagta
hai aur apne mummy papa ko Puja ke
bare mein sab kuchh batata hai aur
idhar Puja ke family Suraj ka family
sab log milkar Puja ke Chita ki taiyari
karne lagte Hain aur Puja ka bhai use
sare vidhi Vidhan se use Chita ko jala
deta hai aur Chita jalne lagti hai sab
log bahut dukhi rahte hain idhar Kavya
bhi bahut dukhi hoti hai udhar Rahul
bahut ro Raha hota hai aur apni maa
se puchta hai ki aapko kisne call kiya
tha Rahul ki mummy bolati hai mujhe
kisi Kavya naam ki ladki ne phone kiya

tha aur ham log yahan per aaye Rahul Kavya ka number lekar Kavya ko call karta hai aur shamshan Ghat per Kavya hoti hai Rahul use call karta hai aur bolata hai Kavya tum abhi kahan per Ho Kavya bolati hai ham log Abhi shamshan Ghat per Hain Puja ke Chita ke samne Rahul use adress mangta hai aur vah sidha usi halat mein shamshan Ghat chala jata hai vahan per vah auto se utar kar bahut hi Tej se Daur ke aane lagta hai jaise ki use Chita mein hi yahi bhi kud jaega per Suraj aur Puja ka boyfriend donon use pakad lete hain aur use use Chita mein kudne nahin dete Hain nahin to Rahul bhi uske sath usi Chita mein jal jata kyunki

Rahul usse bahut bahut pyar karta tha Suraj aur Puja ka boyfriend Rahul ko bahut jor se pakad kar rakhe hue rahte Hain jab Tak Chita shant ya khatm Na Ho ab tak use pakad kar rakhe hue rahte hain usi dauran Puja ke Papa Kavya se puchte Hain yah ladka Kaun hai Kavya batati hai ki Rahul Puja ka boyfriend hai aur Puja aur Rahul ek dusre ko bahut hi pyar karte Hain aur yah baat vahan per sab logon Ko pata chal jata hai Suraj ke family Kavya ke family Puja ke family aur Puja ke boyfriend ke family ko bhi sabko pata chal jata hai ki Rahul se Puja bhi bahut pyar karti thi aur dikhai bhi padta hai Rahul ke bartaav ke vajah se Lekin

honi ko koi nahin tal Sakta Jo Ho Gaya so ho gaya ab sab log ghar jaane Lagehai lekin abhi tak Suraj aur Puja ka boyfriend Rahul ko pakad ke rakhe hain thodi der bad Chita shant hone ke bad Suraj aur Puja ka boyfriend Rahul Ko chhod dete Hain aur Rahul use Chita ke rakh mein jakar pakad ke rakh ko bahut chillane lagta hai Rone lagta hai aur rakh mein lipatane lagta hai aur kuchh der bad vah uske rakh ke sath ek pagal ke jaisa bartaav karne lagta hai aur vahan per Jo sab log jaane lagte Hain use dekhne lagte Hain aur kuchh nahin kar paate kyunki Rahul Puja ke rakh se apne aap ko laga raha tha aur ek pagal ki tarah bartaav karne Laga hai thodi der bad Rahul ke family bhi vahan per a jata hai aur vah log use bahut manane ki koshish karte hain lekin Rahul Puja ke pyar mein aur use rakh mein bahut doob chuka hota hai aur vah pagal ho jata hai aur vahin per Rahane lagta hai lekin Rahul ke maa baap apne bete ko is HAL mein nahin dekh sakte isliye vah log vahin per uska intezar karne lagte Hain aur vah bhi vahin per baith jaate Hain shamshan Ghat ke bahar aur apne bete ko dekhte rahte hain idhar Puja ka family Suraj ka family aur Kavya ka family sab log apne ghar ja chuke hain aur sab hi bade aur behad dukh mein Hain lekin ismein Puja ka boyfriend bahut khush hota hai apne ghar mein aur kuchh der bad bahut Raat Ho jaane ke Karan Puja ke family sab log sone ki koshish karte hain lekin so nahin paate kyunki sab Puja ko bahut mis karte the Lage aur

agale din agale din Puja ki mummy subah uthkar Puja Ko yad karne lagti hai aur Rone lagti hai vahi HAL uske Papa aur bhai ka bhi hota hai sab log behad dukhi rahte hain aur idhar Suraj bhi bahut dukhi hota hai Lekin Suraj ka friend Suraj ko call karta hai Suraj Aaj Tum office kyon nahin aaye Suraj bolata hai apne friend ko meri Puja ka cal death ho gaya hai isliye main nahin a paunga Aaj office friend bolata hai sorry sorry mujhe nahin maloom tha Lekin friend bolata hai Suraj ko main ek aise tantrik ko jaanta hun jo mare hue vyakti ko Jinda kar dete Hain Suraj bolata hai kya sach mein aisa ho sakta hai friend bolta hai maine aisa Suna to hai aur ek bar koshish karne mein kya jaati hai Suraj bolata hai Tum usse abhi hi call karke bula lo ham log abhi hi koshish karenge friend bolata hai theek hai main call karke use bula leta Hun 2 ghante bad tantrik Suraj ke Ghar a jata hai aur Suraj se baat karne lagta hai tantrik Suraj Ko bolata hai main tumhare wife ko Jinda kar dunga lekin mujhe uske liye do chij chahie ya to uska haddi ya to uska ded body Suraj bolata hai ded body to jal chuki hai nahin mil payegi Lekin haddi laane ka koshish kar sakta hun tantrik bolata hai donon mein se koi ek mil jaega to main tumhare wife ko Jinda karne ki koshish kar sakta hun Suraj bolata hai tantrik ko sach mein meri wife Jinda ho jayegi na aantrik bolata hai main koshish karunga agar Ho gai to ismein tumhari bhalai hai nahin Hui to ham log Kudrat ke khilaf kuchh nahin kar sakte kyunki yah accident hua tha normal death nahin hai isliye kuchh chances hote Hain Aisa tantrik bolata hai kyunki accident kisi ke dobara hota hai aur normal death Jo vyakti apna pura jivan khatm kar chuka hota hai tab use normal death aati hai jaise ki 80 ya 90 ke age mein aur tumhare wife ka accident hua hai isliye ham usse FIR se Jinda karne ki koshish karenge Suraj ya sab baat sunkar sidha shamshan Ghat jata hai aur raste mein Suraj Puja ke boyfriend ko bhi call karta hai aur tantrik wali sab baat use batata hai aur Suraj shamshan Ghat pahunchta hai Puja ka boyfriend shamshan Ghat pahunchta hai aur donon vahan per dekhte hain ki Rahul Aaj bhi vahin per so raha rahata hai Puja ke Chita per aur vah donon use dekhkar bahut hi shauk Ho jaate Hain ki ham donon se jyada pyar to yah Karta hai Lekin Suraj

Apne kam se vahan per aaya hota hai use Puja ki haddi chahie isliye Suraj aur Puja ka boyfriend vahan per haddi dhundhne lagte Hain lekin unhen koi haddi nahin milati hai Puja ka boyfriend dar jata hai aur Suraj Ko bolata hai ki Suraj mujhse ek galti Ho gai hai Maine Puja ka ded body exchange kar diya tha kyunki main bahut gussa tha aur abhi bhi uska date body murdaghar mein pada hua hai chalo ham donon le ja kar use FIR se Jinda karne ki koshish karte Hain Suraj ya sab baat sunkar pahle to bahut gussa hota hai Puja ke boyfriend per lekin apne aap ko sambhal kar vahan se vah donon murdaghar per jakar aur

Puja ke ded body ko Nikal ke Suraj ke Ghar a jaate Hain Suraj aur Puja ke boyfriend jab baat kar rahe hote hain tab Rahul ke mummy papa ya sab baat sun lete hain aur vahan per Rahul ko jo Puja ke Chita per so raha rahata hai use uthakar yah sab baat bolane lagte Hain Rahul vaise to pagal ho chuka rahata hai lekin Apne mummy papa baat sunkar vah teenon Suraj ke Ghar chale jaate Hain idhar Suraj Puja ke mummy papa ko call karke unhen sab kuchh Bata deta hai tantrik ke bare mein aur Puja ke boyfriend ke bare mein bhi aur thodi der bad Puja ke family vahan per bhi a jaate Hain aur Kavya ki family bhi vahan per a jaate

Hain aur Rahul ke family bhi vahan per a jaate Hain sab log vahan per a jaate Hain tantrik apna Puja start karta hai aur uska jo niyam aur jo Puja ka vidhi hota hai vah sab kuchh karta hai aur use FIR se Jinda karne ki koshish mein lag jata hai kariban 2 se 3 ghante Tak vah koshish karne lagta hai ki Puja ko FIR se Jinda kar de aur yahan per sab log tantrik ko dekhne lagte Hain aur Bhagwan se dua karte Hain ki Puja Jinda ho jaaye tantrik ka Puja khatm ho jata hai lekin Puja Jinda nahin Hoti hai aur sab log bahut hi mayus ho jaate Hain fir se Lekin Rahul Puja ko dekhta hai aur uske hath hilte hue vah dekhta hai aur Aakar use CPR dene lagta hai Puja ko bahut der tak CPR dete Rahane ke Karan Achanak se Puja Jinda Ho jaati hai aur sab log bahut hi khush ho jaate Hain kyunki tantrik ka Puja Safal ho jata hai isliye jab Rahul use CPR deta hai to vah Jinda Ho jaati hai aur Rahul bhi bahut khush ho jata hai aur use gale Laga kar use uske sath Rone lagta hai aur Puja bhi use gale Laga kar uske sath Rone lagti hai aur vahan per sab log bahut hi khush ho jaate Hain Suraj tantrik ko bahut hi bahut dhanyvad deta hai aur apne friend ko bhi dhanyvad deta hai AB sawal yah aata tha ki Puja se shaadi Kaun Karega tantrik bhi vahin rahata hai aur sab log vahin per rahte hain to

Puja ke Papa Puja se puchte Hain ki Tum kisse shaadi karna chahti ho main Vada Karta Hun main usi se tumhen tumhari shaadi karva dunga aur Puja ke Papa yah bhi bolate Hain ki hamen sab kuchh pata hai tum teenon se bahut pyar karti ho Puja ka boyfriend Suraj aur Rahul lekin ham chahte Hain ki Tum hi khud faisla karo ki tum kisse shaadi karogi aur Puja bolati hai cal se lekar Aaj aur abhi tak kya kya hua hai sab kuchh mujhe bataiye papa Puja ke Papa sab kuchh Bata dete Hain aur uske bad Puja bolati hai ki main kise shaadi karungi main batati hun Puja bolati hai Mera boyfriend ne mere ded body ko chhupaya tha to use hisab se

vah mera bhai hua kyunki Bhai bahan
ki raksha karte Hain to usi hisab se
Puja ke boyfriend ne uski raksha ki
isliye vah bhai hua aur Suraj ne tantrik
Ko Bulaya tha aur mujhe FIR se Jinda
Kiya use hisab se Suraj Mera father
hua kyunki pita apne beti ko janm deta
hai is hisab se vah uska pita hua aur jo
mujhe mara hua jaankar kisi aur ke
rakh ko Mera rakh samajh kar pagal
ho chuka tha usse hi main shaadi
karungi jo ki Rahul tha vahi Mera
husband banne ke layak hai kyunki use
nahin pata tha ki main use Chita mein
hun ya nahin lekin vah mujhse bahut
pyar Karta tha isiliye vah kisi aur ki
Chita ko hi meri Chita samajh ke pagal

ho chuka tha isliye main Rahul se hi shaadi karungi aur Puja ke Papa man jaate Hain lekin Suraj aur Puja ka boyfriend donon nahin mante kyunki un donon ka motiva hota hai ki Puja ko Jinda karke use shaadi karna idhar tantrik bolata hai Suraj aur Puja ke boyfriend ko beti ekadam Sahi bol rahi hai tum donon kaise usse shaadi karoge kyunki ek Bhai Ho Gaya hai aur ek baap Ho Gaya hai aur hamare yahan per bhai aur baap ke sath shaadi nahin kiya jata isliye shaadi to sirf Rahul se hi hogi tum log bhai aur baap hi Bankar uski raksha karoge hamesha hamesha ke liye aur yah sab bolkar vahan se tantrik aur sab log

Apne Apne Ghar wapas chale jaate Hain kuchh dinon bad Rahul aur Puja ki shaadi karva Di jaati hai aur donon bahut hi Khushi Khushi Apne jindagi ji rahe hain aur yahan per kahani khatm hoti hai……. Thank you so much everyone